Malen und Drucken

Monika Künzel

ALS-STUDIO-REIHE 721

Kombinierte Gestaltungstechniken

Impressum

Idee, Text und Gestaltung: Monika Künzel, Riegelsberg
Graphik: Christel Claudius, Hamburg.
Satz: SatzKontor Gembs und Metzner GmbH, Rodgau.
Druck: ALS-Verlag GmbH, Dietzenbach.
Bestell-Nr. 29.721
ISBN-Nr. 3-921366-44-5

CIP-Titelaufnahme der Deutschen Bibliothek
Künzel, Monika:
Malen und Drucken : kombinierte Gestaltungstechniken / Monika Künzel. – Frankfurt/Main : ALS-Verl., 1990
(ALS-Studio-Reihe ; 721)
ISBN 3-921366-44-5
NE: GT

ALS-Verlag GmbH
Postfach 1440
63114 Dietzenbach

Inhalt

Vorwort

und Einführung zum Malen und Drucken mit der Polyblock-Druckplatte und mit Styropor.

Das malerische Gestalten ist ein Spiel, nicht selten auch ein Spiel mit dem Material. Und wie jedem Spiel wohnt auch diesem der Prozeß des Lernens inne.

Grundlage der folgenden Gestaltungsbeispiele für den Unterricht ist einerseits das malerische Gestalten eines Hintergrundes mit der besonderen Beachtung der Farbgebung und andererseits das Drucken einer figürlichen Darstellung im Vordergrund, – oder ein bildhaftes farbiges Malen, dem durch Stempeln und Drucken besondere Akzente hinzugefügt werden. Wenn es sich um figürliche Darstellungen handelt, wie z. B. beim „Geiger", ist es notwendig, den Schülerinnen und Schülern einen zeitlichen Spielraum zu gewähren, damit sie sich mit dem Motiv erst einmal zeichnerisch beschäftigen können, um es dann als Bildgestaltung auch zu bewältigen.

Das malerische Gestalten des Hintergrundes wird sich je nach Altersstufe der Kinder auf eine bereits erworbene Grundlage im Malen mit Wasserfarben und Wachskreiden stützen, die sich die Kinder in Kindergarten und Schule angeeignet haben. Dies erstreckt sich vom einfachen fließenden Hintergrund mit Wasserfarben bis zur farblich fein abgestimmten gegenständlichen Komposition. Oftmals werden auch den Druckformen identische Farbformen mit Wachskreiden unterlegt. Dazu fixieren die Kinder die Druckform erst einmal, indem sie sie mit dem Bleistift umfahren (s. „Wasserschildkröten"). Es entsteht dadurch bereits eine Gliederung des Bildes.

Das Herstellen der Druckformen setzt einen kleinen Entwurf voraus, der dem kindlichen Repertoire entspringt und sich gut vereinfachen läßt (Haus, Baum, Vogel usw.). Hiermit kommt ein mehr formales Element in die Gestaltung, das aber auch jüngere Kinder bewältigen können. Der Entwurf wird auf Polyblock übertragen und am äußeren Umriß ausgeschnitten. Dann werden die nichtdruckenden Teile mit dem Bleistift hineingedrückt.

Ganz wesentlich gehört natürlich eine lebendige Themen- und Technikbesprechung an den Anfang des Unterrichts, die kindliche Gedanken und Ideen mit einfließen läßt, vielleicht in Form einer kleinen Geschichte. Manchmal brauchen die Kinder auch anschauliche Hilfen, beispielsweise eine Geige, wenn das Motiv es erfordert und die Umsetzung ins Bildhafte glücken soll. Aber auch gute Fotografien oder Abbildungen von Kunstwerken, je nach Thema, halte ich als Anregung für geeignet. Nur sollten die Hilfen später bei der Bildgestaltung wieder verschwinden.

Da das Gestalten in zwei Phasen geschieht, sollte vor der zweiten Phase noch einmal eine genauere Klärung der Drucktechnik in einzelnen Schritten erfolgen.

Dieses Gestalten in zwei Phasen – Malen und Drucken – ermöglicht einerseits das Trocknen der Bildgründe während der Herstellung der Druckform, es erhöht andererseits Spannung und Spielphantasie während der zweiten Phase, ehe die Druckform spiegelbildlich auf dem Bild erscheint.

Der Druckstock oder Stempel funktioniert nun nach dem Prinzip des Hochdrucks: die erhabenen Teile drucken (Kartoffeldruck, Linoldruck, Holzschnitt).

Die gedruckten Formen geben dem Bild eine klare Ordnung und einen bestimmten Rhythmus. Dies fördert ganz besonders den kindlichen Gestaltungswillen und kommt ihm durch Reihung oder Streuung in besonderer Weise entgegen.

Zum Einfärben der Druckform sind teils Acryl- oder Fingerfarben mit dem Pinsel oder Japan-Aqua mit einer kleinen Walze aufgetragen worden. Letzteres ist immer dann sinnvoll, wenn die Druckform kleinflächige Muster und Linien aufweist, die nicht zulaufen dürfen. Bei größeren Druckformen haben wir zum Andrücken auf das Blatt statt einer Presse eine Abdruckwalze/Nudelholz benutzt. Wird mit Farbwalze und Abdruckwalze hantiert, ist es praktisch, wenn zum Einfärben ein zentraler Drucktisch vorbereitet wird. Hier kann der Pädagoge helfen und ein wenig kontrollieren. Die eingefärbte Druckform können die Kinder mit an ihren Platz nehmen und dort drucken. Japan-Aqua trocknet langsam. Oft kann auch zweimal mit demselben Farbauftrag gedruckt werden.

Alle Druckstöcke können natürlich immer wieder Ausgangspunkt für neue Bildideen sein und – eventuell in einer Gemeinschaftsarbeit – wieder verwendet werden.

Bei der abschließenden Bildbetrachtung ist es oft erstaunlich, was sich die Schüler/innen untereinander mitzuteilen haben und wie sie ihre Eindrücke gegenseitig austauschen. Diesem Vorgang nach der praktischen Phase sollte der Kunstpädagoge viel Aufmerksamkeit schenken, denn die Kinder lernen dabei kritisches und selbstkritisches Betrachten. Anerkennung und Bewunderung sind zum Schluß aber immer ein ganz wichtiges Moment für die Freude und Motivation am künstlerischen Schaffen.

Allen Pädagogen, die sich bei der Vorbereitung des Unterrichts mit dieser Technik selbst beschäftigen werden, darf ich viel Vergnügen und Freude beim Experimentieren wünschen.

Mein Dank gilt den Kindern aus der Malschule für ihre Bildbeiträge.

Monika Kündel

■ **Material:**
Zeichenblock DIN A 2 oder 3, Polyblock-Druckplatte, Pelikan-Wasserfarben, Bleistift, Borstenpinsel, Schere, Kartoffel, Bastelmesser.

■ **Vorbesprechung:**
Im belaubten Geäst eines Baumes sitzen große Vögel. Dieses Motiv ist im Frühjahr und Sommer oft zu beobachten. Wir versuchen, uns mit den Kindern einen üppig belaubten Baum vorzustellen, vielleicht voller exotischer Vögel, die manchmal ja auch im Zoo zu sehen sind. Farbenpracht und Fülle sollen auf diesem Bild wirken. Die Wasserfarben kommen teils aquarellhaft, teils deckend zum Einsatz. Gemalt wird ein mächtiger Baum mit Krone in einer einfachen Landschaft. Während diese Arbeit trocknet, beschäftigen sich die Kinder mit verschiedenen Vogelarten. Sie können an Papageien erinnern durch Schnabel und Gefieder. Flügel und Federkleid dürfen vereinfachte, stilisierte Muster enthalten.
Eine zeichnerische Übung als Vorbereitung zum Thema Vogel wird von den Kindern so entwickelt, daß der Vogel fast Ornamentcharakter bekommt. Anregungen hierzu findet man in folkloristischen Darstellungen oder auch als Stoffdruck. Die Schüler/innen übertragen ihre Entwürfe auf die Polyblock-Druckplatte. Beim Hineindrucken der Papageien in den Baum können Wasserfarben, aber auch andere deckende Farben benutzt werden. Die Kinder nehmen am besten pro Farbe einen extra Pinsel, falls sie die Druckform mehrfarbig einfärben wollen. Wenn man mit einem Bastelmesser Blattadern in den Kartoffelstempel hineinschnitzt, ergeben sich schöne Akzente für den Baum.
Ein leichtes Verfließen der Farben wirkt sehr malerisch.

■ **Arbeitsplan:**
1. Zarte Landschaft mit großem Baum malen
2. Vogelformen zeichnerisch üben
3. Druckform Vogel herstellen
4. Vogel drucken
5. Kartoffelstempel für Blatt herstellen u. drucken

■ **Gestaltungsverlauf:**
Zu 1.: Mit Pelikan-Wasserfarben malen die Kinder einen mächtigen Baum in die Mitte des Bildes, dessen Krone gut zwei Drittel des Formates bedecken darf und noch keine Differenzierungen enthält. Zart im Hintergrund kann eine Landschaft angedeutet werden.

■ **Vogelbaum**
Zu 2.: Das Zeichnen und Erfinden von Vogelformen (ohne Beine) sollte von anregenden Ideen begleitet werden, z.B. gekrümmter Papageienschnabel, besondere Schwanzfedern mit schönen Mustern usw.
Zu 3.: Ist der Entwurf in vereinfachter Form entwickelt worden, läßt er sich auch leicht auf die Polyblock-Druckplatte mit Bleistift übertagen. Federschmuck, Flügel, Auge etc. drücken die Kinder mit dem Bleistift in die Oberfläche hinein und schneiden die Vogel-Druckform ringsherum aus.
Zu 4.: Soll der Vogel zweifarbig gedruckt werden, so wird für jede Farbe ein extra Pinsel benutzt, damit die Farben auch bei mehrmaligem Druckvorgang noch leuchtend bleiben.
Zu 5.: Eine halbierte Kartoffel eignet sich als Blattstempel ausgezeichnet, wenn die Druckfläche auch noch mit einer Maserung versehen wird. Sollte dies für die Kinder zu gefährlich sein, so muß der Pädagoge den Stempel mit einem Bastelmesser zum Drucken vorbereiten. Die gestempelten Blätter ergeben in der Baumkrone eine interessante Struktur.

■ **Bildbetrachtung:**
Die Kinder lassen die Bilder einmal in Ruhe auf sich wirken. Welche Stimmung teilt sich ihnen mit? Beobachtung der Verschiedenartigkeit der Vogelformen- bzw. farben.

■ **Erfahrungen und Schwierigkeiten:**
Beim Herstellen der Druckformen sollte auf eine handliche Größe geachtet werden. Schön gestaltete Muster auf dem Vogelkörper erfordert etwas Geduld und Phantasie. Sind die Ornamente sehr kunstvoll mit dem Bleistift eingedrückt worden, so empfiehlt sich doch Japan-Aqua zum Drucken mit der Walze. Andernfalls kann man es mit jeder deckenden Farbe und dem Borstenpinsel versuchen. Zur Kontrolle ein Probedruck! Ein zum Schluß hinein getüpfeltes Vogelauge setzt einen schönen Akzent.
Alle Druckformen können immer wieder Ausgangspunkt für neue Bildideen oder Gemeinschaftsarbeiten sein.

■ **Material:**
Zeichenblock DIN A 3, Fingerfarben, Stypropor-Stempel aus Isolierstrypropor (3-4 cm), Borstenpinsel, Messerchen.

■ **Vorbesprechung:**
Auch die kleinen Schulkinder haben eine Vorstellung von alten Häusern oder Städtchen, die sie schon einmal in den Ferien oder vielleicht auch in ihrer näheren Umgebung gesehen haben. Dicht an dicht sollten sich die Häuser reihen, mit spitzen Dächern und einfachen Fenstern und Türen bzw. Toren. Zur Verfügung stehen Fingerfarben in warmen Tönen: beige, gelb, braun, rotbraun, schwarz und weiß. Die Kinder sollten ausgiebig Zeit und Platz zum Mischen der Farben haben. Das vordere Drittel des Blattes bleibt zunächst frei. Sind die Häuschen fertig, wird ein quadratischer Styproporstempel vorbereitet aus dickem Stryropor (3-4 cm hoch), und das holprige Kopfsteinpflaster wird ergänzt. Dafür wird den übriggebliebenen Farben Schwarz hinzugefügt, um mit dem Stempel Mischtöne zu erzielen.
Zum Schluß können die Kinder noch überlegen, ob Bäume an den Horizont gesetzt werden sollen. Schön wirkt auch als Malgrund ein Tonpapier, das mit den weichen warmen Farben der Häuser harmoniert.

■ **Arbeitsplan:**
1. Häuser malen mit Finger- oder Acrylfarben.
2. Straße stempeln.
3. Eventuell Bäume drucken.

■ **Gestaltungsverlauf:**
Zu 1.: Das Malen der einfachen Hausformen aus Rechteck und Dreieck gelingt auch den kleinen Schülern/Schülerinnen und erlaubt ihnen, sich mit viel Energie auf das Mischen der warmen Farbtöne zu konzentrieren. Gerade die begrenzte Farbpalette bringt die schönsten Farbnuancen hervor. Das gestaffelte Übereinander der Häuserreihen eröffnet den Kindern auch die Möglichkeit, Räumlichkeit anschaulich zu machen, diesmal durch Überschneidung. Die Kleineren vermeiden dies allerdings noch gerne. Durch die Wiederholung des Elementes Haus entsteht eine schöne Ordnung und Regelmäßigkeit, die dem kindlichen Bedürfnis nach Nebeneinander-Reihung entgegenkommt.
Zu 2.: Ähnlich auch beim Stempeln des Straßenpflasters. Der handliche Styproporstempel ermöglicht eine mosaikartige Strukturierung der Straße, die ihren Reiz aus Farbmelierung und Regelmäßigkeit bezieht. Auch dies vollziehen die Kinder gern, solange es ihnen nicht langweilig wird, zumal sie den Stempel einfach in die gemischten Farben tupfen können.
Zu 3.: Es bleibt dem Einzelnen überlassen, ob Bäume das Bild noch ergänzen sollten. Auch dabei sind nachbarschaftliche Farbtöne geeignet.

■ **Bildbetrachtung:**
Möchte man gern hier wohnen? Wie wirken die Farbtöne? Haben die Kinder viele Farbmischungen gefunden? Wie haben die Kinder die Überschneidungen bei den Häuserreihen gelöst?

■ **Erfahrungen und Schwierigkeiten:**
Das Mischen der Farben macht den Kindern viel Spaß. Ein lustiges Spiel dazu ist auch das Benennen der Farben, also Namen erfinden für gemischte Farben. Wenn keine Kontrastfarben angeboten werden, bemühen sich die Kinder um so mehr um neue Farbnuancen. Dies sensibilisiert das Farbempfinden. Das gestaffelte Hintereinander der Hausformen bedeutet eine Begegnung der kleineren Kinder mit der räumlichen Darstellung durch Überschneidung. An diesem Thema wird sie den Kindern auf einfache Weise bewußt. Der Pädagoge wird entscheiden, wie weit er diese Problematik ansprechen und in der kindlichen Darstellung schon erwarten kann.

■ Material:
Zeichenblock DIN A 3 oder 2 oder Tonpapier, Wachskreiden, Japan-Aqua, Polyblock Druckplatte, Schere, Bleistift, Farbwalze, evtl. Strukturtapete mit Noppen.

■ Vorbesprechung:
Auch bei Regenwetter sieht man Leute auf der Straße. Kinder gehen zur Schule, Erwachsene gehen Einkaufen. Der Hund muß auch bei Regen ausgeführt werden. –
Gerade für die kleinen Schüler/innen ist es wichtig, im Gespräch die Phantasie für ein Thema anzuregen. Die Kinder überlegen, welche Kleidung sie den Leuten geben sollen, die im Regen spazierengehen. Es soll also eine Gruppe von Menschen dargestellt werden, die abwechslungsreich aussieht in Größe und Kleidung, vielleicht auch in der Körperhaltung. Die Kinder müssen schon am Anfang wissen, daß die Leute Schirme tragen sollen, damit ein Arm die entsprechende Haltung annimmt. Die Schirme werden später gedruckt, ebenso der Regen, falls man Strukturtapete zur Verfügung hat.

■ Arbeitsplan:
1. Leute verschiedenartig mit Wachskreiden malen.
2. Schirm aus Polyblock ausschneiden und vorbereiten.
3. Schirme zu jeder Person drucken.
4. Regen aus Strukturtapete drucken.

■ Gestaltungsverlauf:
Zu 1.: Die Kinder malen lustige Leute mit Regenkleidung. Gummistiefel, Mützen, Hüte und Schals geben dem Bild lustige Farbigkeit. Die kleinen Schüler/innen können die Leute von vorn malen, als ob sie vor einem Schaufenster stünden. Die Älteren, die schon die Personen seitlich und im Profil gestalten können, überlegen sich, aus welcher Richtung wer kommt! Große und kleine Leute können alle Kinder malen. Zu beachten ist auch, was die Personen im Regen bei sich tragen. Vielleicht eine Tasche oder Tüte vom Einkauf, einen Koffer oder Ranzen, vielleicht geht auch ein Hündchen mit.
Zu 2.: Aus einem passenden Stück Polyblock schneiden die Kinder die halbkreisförmige Druckform des Regenschirms aus. Die Speichen des Schirms werden in regelmäßigen Abständen mit dem Bleistift eingezeichnet und deutlich hineingedrückt.
Zu 3.: Jede Person, ob klein oder groß, sollte nun einen Schirm über sich gedruckt bekommen. Das geht, auch wenn es mal Überschneidungen gibt. Die Druckform wird an einem extra vorbereiteten Drucktisch mit Japan-Aqua eingewalzt und am Platz mit der Hand aufgedruckt, und zwar so, daß sie jede Person beschirmt. Die schwierigste Aktion kommt jetzt. Mit schwarzer Wachskreide muß der Stock des Schirmes jedem der gemalten Personen in die Hand gezeichnet werden. Hierbei muß man schon mal fünf gerade sein lassen.
Zu 4.: Wenn man Strukturtapeten mit kleinen Noppen auftreiben kann, so hat man ein sehr nützliches Material, um Regen oder Schnee zu drucken. Denn die von Kinderhand gemalten Tröpfchen geraten oft zu groß oder überfordern die kindliche Geduld. Ein oder zwei Bögen Noppen-Tapete in der passenden DIN-Größe färben die Kinder mit Japan-Aqua und Walze ein und drucken sie am besten mit der Abdruckwalze/Nudelholz ab. Das ist für alle Kinder ein spannender Vorgang mit Überraschungseffekt. Alles Gemalte ist noch durch den deutlich sichtbaren Regen zu sehen.

■ Bildbetrachtung:
Sind die Personen schön deutlich und unterschiedlich gemalt? Hat jeder seinen schützenden Schirm bekommen? Wem sind die Stöcke und Griffe der Schirme besonders gut gelungen?

■ Erfahrungen und Schwierigkeiten:
Die Sechsjährigen haben noch Schwierigkeiten mit dem figürlichen Zeichnen, bei manchen erinnern die Proportionen an das Kopffüßler-Stadium. Erfahrungsgemäß kommt ihnen aber zugute, daß sie die Arme und Finger vom Körper wegspreizen. Sie haben deshalb weniger Probleme mit dem Griff und Stock des Schirms. Bei allen Kindern gibt es das Problem mit den Händen, die sie meistens zu klein und unförmig malen. Dieser Schwierigkeit sollte man durch besonderes Besprechen und Demonstrieren der Haltung von Händen und Fingern entgegenwirken.
Für dieses Thema „Im Regen“ ist es zweckmäßig, einen Regenschirm mitzubringen und die Kinder damit herumspazieren zu lassen. Vielleicht nimmt man sich die Thematik ja auch an einem Regentag vor.

■ Material:

Zeichenblock DIN A 3, dickes Isolier-Styropor (3 cm), Fingerfarben, Pelikan-Wasserfarben, dicke Borstenpinsel, 1 Filzschreiber, Kugelschreiber, Messerchen.

■ Vorbesprechung:

Häuser und Bäume gehören zum Zeichenrepertoire der jungeren Schüler. Eine Beschreibung aller Einzelheiten, die zum Haus gehören, sollte trotzdem nicht fehlen. So wird die Ziegelstruktur der Dächer erwähnt, die Fensterrahmen hervorgehoben usw. Die Dinge werden diesmal in das dikke Isolier-Styropor hereingezeichnet und herausgekratzt. Vielleicht nehmen die Kinder dazu statt des Kugelschreibers auch einen spitzen Bleistift oder ein kleines, aufgestecktes Messerchen, wenn man nicht befürchten muß, daß sie sich verletzen. Die Umrißform der Häuser und Bäume sollte bei den Kleinen diesmal der Pädagoge mit einem Messer ausschneiden. Bei der Baumform kratzen die Kinder, ähnlich wie beim Haus, die Äste in die kugelige Baumkrone hinein. Da das Styropor 3-4 cm dick ist, ist es für die kleineren Kinder handlicher beim Drucken. Ehe sich die Kinder mit dem Druck-Motiv beschäftigen, bereiten sie auf dem Block eine Fläche ineinanderfließender Wasserfarben vor. Zu kräftig sollten die Farben nicht werden, damit sich das Druckmotiv gut abhebt. Die Farben sollten stark wäßrig aufgetragen werden, so daß die Kinder das Ineinanderfließen beobachten können.

■ Arbeitsplan:

1. Wasserfarben wäßrig ineinander vermalen, bis das Blatt bedeckt ist.
2. Druckform aus dickem Isolier-Styropor (3-4 cm) herstellen.
3. Druckform mehrfarbig mit Fingerfarben anmalen und drucken.

■ Gestaltungsverlauf:

Zu 1.: Der wäßrige Farbauftrag des Hintergrundes ist für die jungeren Schüler/innen meistens ein neues Erlebnis. Mit dem dicken Borstenpinsel gelingt dies aber ohne besondere Probleme.

Zu 2.: Während das Papier trocknet, beginnt die Vorbereitung des Druckstockes. Man wird jeweils neu entscheiden müssen, ob die Kinder ihr Motiv zuerst zeichnerisch üben sollten. Ist es mit Filzschreiber auf das Styropor aufgezeichnet, schneidet es diesmal der Pädagoge mit einem scharfen Messer ringsherum aus. Das Hineinkratzen der Linien an Haus und Baum gefällt den Kindern meistens gut. Mit einem aufgesteckten Messerchen läßt sich das Styropor sehr gut bearbeiten. Erscheint ein Messerchen zu gefährlich, dann geht es auch mit einem spitzen Bleistift oder Kugelschreiber. Die Druckform ist diesmal ein kompakter Stempel, den die Kinder gut anfassen können.

Zu 3.: Zum Drucken eignen sich hier gut Fingerfarben. Für verschiedenfarbige Flächen sollte jeweils ein gesonderter Borstenpinsel zum Einfärben der Druckform benutzt werden, damit die Farben leuchtend bleiben. Bei dem Häuserbeispiel Bild 1 wurde rechts und links ein Haus gedruckt. Da kein ganzes Haus mehr in die Mitte paßte, wurde der Stempel etwas abgeschnitten. Bei den Bäumen kamen ein paar Farbtupfer nachträglich hinein.

■ Bildbetrachtung:

Wie ist der Gesamteindruck des Bildes? Wodurch unterscheiden sich die einzelnen Bilder voneinander? Scheint die Sonne oder ist es trüb auf dem Bild?

■ Erfahrungen und Schwierigkeiten:

Beim wäßrigen Farbauftrag des Hintergrundes wollen die Kinder oft dem Verfließen der Farben mit dem Pinsel nachhelfen. Hier sollte man zum geduldigen Beobachten anregen. Die Druckformen, die wie Stempelklötze aussehen, sollten nicht zu dick eingefärbt werden, damit sie beim Drucken nicht wegrutschen. Wichtig ist auch, daß nicht zu viel Zeit verstreicht beim Einfärben und Drucken. Fingerfarben trocknen schnell.

■ **Material:**

Zeichenblock DIN A 3 oder 2, Pelikan-Wasserfarben, Acrylfarben, Polyblock-Druckplatte, Borstenpinsel, Bleistift, Schere, schwarzer Filzstift

■ **Vorbesprechung:**

Die Kinder überlegen, wo sie schon einmal Fischkutter gesehen haben. Vielleicht während der Ferien in einem Hafen oder am Meer. Sie schildern ihre Beobachtungen. Wir sprechen über Vordergrund (Fische) und Hintergrund (Schiff) des Bildes und die Größenverhältnisse im Raum. Im Vordergrund erscheint alles groß, im Hintergrund klein. Ein Bewußtmachen der Größenunterschiede durch einen Blick aus dem Fenster führt meistens zu großem Erstaunen. Die Fische auf unserem Bild dürfen also groß erscheinen, da sie den Vordergrund bilden.

■ **Arbeitsplan:**

1. Fischkutter deckend malen, Hintergrund (Himmel/Meer) wäßrig ergänzen.
2. Druckform Fisch aus Polyblock herstellen.
3. Netz mit Filzschreiber auf das getrocknete Bild zeichnen.
4. Fische in rhythmischer Anordnung drucken.

■ **Gestaltungsverlauf:**

Zu 1.: Die Kinder malen das Schiff in das obere Drittel des Blattes mit deckenden Farben (Acryl- oder Wasserfarben). Jedes Kind kann dabei seine eigene Vorstellung vom Fischkutter realisieren. Wenn Menschen darauf arbeiten, sollten sie im Verhältnis zum Schiff klein erscheinen (weit entfernt). Der Hintergrund entsteht dazu mit fließenden Farben, Himmel und Meer sollten sich dabei farbtonmäßig unterscheiden. Jeder entscheidet für sich, ob es ein bedeckter oder sonniger Himmel sein soll (Wetter). Der Horizont muß irgendwo hinter dem Schiff liegen. Die Farbe des Meeres könnte vom Hellen ins Dunkle übergehen.

Zu 2.: Auf das passend vorbereitete Stück Polyblock wird der Fisch mit Bleistift gezeichnet und mit Mustern (Schuppen) versehen. Die Kinder schneiden die Umrißform Fisch mit der Schere rundherum aus und drücken die Muster fest mit dem Bleistift hinein.

Zu 3.: Das Netz sollte bis weit in den Vordergrund hinein mit dem Filzstift gezeichnet werden. Die Kinder gestalten das Netz ein bißchen unregelmäßig, da es sich ja im Wasser bewegt. Eine kleine separate Zeichnung ist dazu sinnvoll, bei der das Netzmuster geübt wird.

Zu 4.: Die Kinder drucken nun mit deckenden Farben in schönem Rhythmus die Fische auf das Netz, so daß ein Schwarm entsteht. Die Druckform kann mit einem dicken Borstenpinsel eingefärbt werden und mit der Hand aufgedruckt werden. Ein bißchen Geschick ist beim Drucken notwendig, damit die Druckform, die hier eher ein Stempel ist, auch gleich richtig plaziert wird und nicht wegrutscht. Bei der Farbwahl der Fische sollten vielleicht zwei Farben und ihre Mischungen verwandt werden, der einzelne Fisch jedoch einfarbig bleiben.

■ **Bildbetrachtung:**

Wie ist das Wetter auf See? Entsteht ein schöner Gesamteindruck? Haben die Fische Fischaugen? Sind die Farbtöne der Fische gut gelungen? Kann man sehen, daß sich das Netz in den Wellen bewegt?

■ **Erfahrungen und Schwierigkeiten:**

Die Druckform Fisch darf verhältnismäßig groß gedruckt werden. Eingearbeitete Muster müssen nicht unbedingt die Schuppen imitieren. Sie können auch frei erfunden werden. Hierbei ist eine Kombination von linearen und flächigen Eindrücken in die Polyblock-Druckform möglich. Beim Drucken sollten die Kinder immer darauf achten, daß sie die Farbe nicht zu dick auftragen. Die Druckform könnte sonst verrutschen oder die Muster zulaufen. Ein kleines Problem ist manchmal auch das Anfassen der Druckform. Die Kinder sollten sie zwischen zwei Fingern an den Rändern festhalten.

Das Abtönen der Wasserfläche von Hell nach Dunkel mit fließenden Farben gelingt selten ohne vorheriges Üben. Das wäre eine kleine sinnvolle Übung zur Vorbereitung des Bildes.

L 405

■ **Material:**
Zeichenblock DIN A 3 oder 2, Wachskreiden, Finger- oder Acrylfarben schwarz u. weiß, Styropor-Stempel aus Isolierstyropor (3 cm), Bleistift.

■ **Vorbesprechung:**
In die Vorbesprechung fließen Beobachtungen und Erfahrungen der Kinder mit ein, die sie bei Straßenmusikanten gemacht haben. Vielleicht hat der Pädagoge auch eine Abbildung eines der Chagall-Gemälde, die einen Geiger darstellen. Falls aber jemand aus der Klasse eine Geige mitbringen kann, sie auch noch richtig halten oder sogar spielen könnte, wäre das die beste Voraussetzung für eine gelungene Bildgestaltung, denn es gilt nicht nur das Instrument zu betrachten, sondern vor allem die typische Haltung des Geigers zu beobachten. Das Musizieren im Freien beinhaltet nun auch, daß sich dabei ein kleines Publikum von Zuhörern einfindet. Diese Szene könnten die Schüler, bevor sie malen, einmal selbst inszenieren. Es fördert die Vorstellung und die Phantasie für eine solche Straßenszene, die auf Plätzen oder Großstadtstraßen nicht selten ist.

■ **Arbeitsplan:**
1. Die Figur des Geigenspielers skizzieren und hochformatig mit Wachskreiden malen.
2. Umgebung, Landschaft oder auch Zuhörer mit Wachskreiden malen, Himmel evtl. mit Wasserfarbe.
3. Straßenpflaster stempeln.

■ **Gestaltungsverlauf:**
Zu 1.: Die Haltung des Geigers vollziehen die Kinder nach und schauen sich auch die Geige ganz genau an. Wenn man ein entsprechendes Foto oder Bild dazu zeigen kann, hilft man den Kindern bei der Darstellung sehr. Diese Figur des Musikanten muß vor dem eigentlichen Malen gezeichnet oder skizziert werden. Erst dann kann sie auf dem hochformatigen Block mit Wachskreiden, eventuell auch Wasserfarben, in den Mittelpunkt gestellt werden.
Zu 2.: Ein Grüppchen von Zuhörern, Alt und Jung, kann den Hintergrund für den Geigenspieler bilden. Bei diesem gemischten Publikum sollten sich die Kinder, genauso wie beim Geigenspieler selbst, auch Gedanken über abwechslungsreiche Kleidung machen. Ebenso will die Farbgebung überlegt sein. Wenn die Schüler/innen alles mit Wachskreiden gemalt haben, gibt es beim Himmel mit Wasserfarben kein Verfließen, er kann aber ebensogut auch mit Wachskreiden ergänzt werden.
Wenn ein kleines Publikum den Hintergrund bildet, sollten die Kinder die Größenverhältnisse beachten, d. h. alles in einer gewissen Entfernung wird wesentlich kleiner gemalt. Auf diese Tatsache sollte der Kunstpädagoge durch ein Beispiel im Raum oder einen Blick aus dem Fenster besonders eingehen.
Zu 3.: Ein kleiner quadratischer Styroporstempel wird mit einem Messer ausgeschnitten, am besten vom Lehrer selbst. Die Struktur des Straßenpflasters kann ein wenig unterschiedlich gestempelt werden, wie es an den Bildbeispielen zu sehen ist, vielleicht im Halbrund um den Geiger herum, aber auch einfach in parallelen Reihen. Das Stempelchen druckt besonders schöne Mischfarben, wenn die Kinder es teils in schwarze, teils in weiße Farbe tupfen. Es kann immer solange gestempelt werden, bis die Farbe ganz nachläßt. Der Wechsel von stärkerer und schwächerer Färbung der Pflastersteine ergibt eine schöne Unregelmäßigkeit.

■ **Bildbetrachtung:**
Viel Anerkennung verdienen diese schwierigen Bildmotive. Eine angemessene Bildbetrachtung und Interpretation motiviert die Kinder zu weiteren künstlerischen Leistungen. Wodurch spricht uns das Bild besonders an? Was drückt es aus? Kann man Musik überhaupt darstellen?
Enthält das Bild Räumlichkeit? Ist das Straßenpflaster gut gelungen?

■ **Erfahrungen und Schwierigkeiten:**
Die Darstellung des Geigers, die Haltung der Hände, das Instrument bringen gewisse Schwierigkeiten mit sich, die durch Anschaulich-Machen überwunden werden können. Am besten ist es, wenn jedes Kind die Handbewegungen des Musikanten simuliert und beobachtet. Die Kinder brauchen für dieses Thema viel Ermutigung. Ist die Hauptfigur im Mittelpunkt gelungen, wird die übrige Bildgestaltung leichter fallen.

■ Material:
Zeichenblock DIN A 3 oder 2, Pelikan-Wasserfarben, Japan-Aqua, Wachskreiden, Polyblock-Druckplatte, Bleistift, Schere, Farbwalze, Abdruckwalze

■ Vorbesprechung:
Die Technik der mehrfach benutzten Druckform eignet sich besonders gut für ein Thema wie „Chor". Am besten bildet eine Gruppe von Kindern einen kleinen Chor und singt ein Lied, während die übrigen dies beobachten können. Besonders wichtig ist bei der Gestaltung der singenden Figur als Druckform der geöffnete Mund. Es ist nicht notwendig, daß die Kinder die Figur vollständig darstellen, vielleicht nur bis zur Taille.

■ Arbeitsplan:
1. Druckform herstellen und wiederholt so mit dem Bleistift umfahren, daß die Anordnung derjenigen eines Chores entspricht.
2. Binnenformen mit Wachskreiden ausmalen.
3. Umgebung mit Wachskreiden oder Wasserfarben malen.
4. Über die ausgemalten Figuren drucken.

■ Gestaltungsverlauf:
Zu 1.: Zuerst ist eine Skizze von einer singenden Figur notwendig. Es genügt, wenn die Figur nur bis zur Taille dargestellt wird, damit eine ausreichende Anzahl von Sängern/ Sängerinnen auf dem Blatt Platz findet. Die Kinder übertragen den Entwurf mit Bleistift auf Polyblock und schneiden die Umrißform rundherum aus. Das Gesicht sollte besonders sorgfältig mit dem Bleistift in die Polyblock-Druckplatte hineingedrückt werden, genauso auch die Haare und die Kleidung. Beim Gesicht können entweder Augen, Nase und Mund erhaben stehen bleiben (im Druck positiv), die übrigen Flächen des Gesichtes werden mit dem Bleistift eingedrückt oder umgekehrt, Augen, Nase und Mund werden mit dem Bleistift tiefer gedrückt (im Druck negativ) und das Gesicht als Fläche gedruckt.
Zu 2.: Die Schüler legen die Druckform wiederholt auf das Papier und umfahren sie mit dem Bleistift. Die Anordnung der Figuren sollte einem kleinen Chor entsprechen. Dann malen sie die Binnenformen farblich abwechslungsreich mit Wachskreiden aus, jede Figur möglichst verschieden von den anderen. Beim Gesicht sollte eine Hautfarbe gewählt werden.
Zu 3.: Die Umgebung bekommt eine einfache Farbgebung, die nach Wunsch der Kinder mit Wachskreiden oder Wasserfarben erfolgen kann. Sie sollte einen neutralen Hintergrund bilden.
Zu 4.: Die Kinder färben nun die Druckform mit einer Walze mit Japan-Aqua ein und drucken sie entweder mit der Hand oder mit der Abdruckwalze auf die bereits mit Wachskreiden ausgemalte Figur. Schwarz ist als Druckfarbe immer gut geeignet, da es sich von allen übrigen Farben abhebt. Um etwas Abwechslung zu erreichen, ist es auch günstig Weiß hinzuzunehmen, um Grautöne zu mischen. Grau und bunt bilden einen schönen Kontrast.
Sollten sich die Figuren überschneiden, so können die Schüler/innen die Druckform für die zweite Reihe passend schneiden.

■ Bildbetrachtung:
Wie wirkt das Grüppchen der Sänger/innen? Sieht man, daß sie singen? Ist die Kleidung abwechslungsreich untermalt?

■ Erfahrungen und Schwierigkeiten:
Eine singende Gestalt zu zeichnen, fällt manchen Kindern schwer. Der Lehrer sollte sie ermuntern, die Figur zu vereinfachen. Das Wichtigste ist der geöffnete Mund, der vielleicht nur als Kreis dargestellt wird. Beim Drucken selbst, das immer mit einer gewissen Spannung verbunden ist, muß vorsichtig gearbeitet werden, damit die eingefärbte Druckform nicht verrutscht. Auch das genaue Treffen und Überdrucken der ausgemalten Form setzt einiges Geschick voraus. Gelungene Arbeiten sollten viel Lob erhalten. Diese Bilder können sehr nett und lustig werden.

■ **Material:**
DIN A 3 Zeichenblock, Polyblock-Druckplatte, Wachskreiden, Japan-Aqua schwarz und weiß, Bleistift, Schere.

■ **Vorbesprechung:**
„Flötenspieler" ist ein Thema, ähnlich wie „Geiger", bei dem es auf die Haltung der Hände ankommt. Um dies erfahrbar und anschaulich zu machen, wäre es sinnvoll, wenn jemand aus der Klasse für dieses Thema eine Flöte mitbrächte und auch ein wenig spielen könnte.
Der eigentlichen Bildgestaltung geht diesmal wieder eine längere Phase des Zeichnens voraus. Die Beobachtung eines „Flötenspielers" ist notwendig, um Gesicht, Hände und Flöte in die richtige Relation zu bringen. Dieser Ausschnitt der Figur muß nun von den Kindern vereinfacht gestaltet werden, um ihn auf die Hochdruck-Technik zu übertragen. Ist die vereinfachte Darstellung gelungen, so sind die weiteren Überlegungen, welche Teile der Druckform drucken sollen und welche nicht. Ein weiteres Moment kann in die Bildgestaltung eingebracht werden. Die gedruckten Formen können variieren in ihrer Helligkeit: z. B. eine Figur in Schwarz, die weiteren immer heller in Grau. Man wird sicher einige Probedrucke anfertigen müssen.

■ **Arbeitsplan:**
1. Betrachten eines „Flötenspielers".
2. Übungsphase: Zeichnen und Vereinfachen der Figur.
3. Umsetzen des Entwurfs auf Polyblock.
4. Hintergrund mit Wachskreiden malen.
5. Drucken in Schwarz und gestuftem Grau

■ **Gestaltungsverlauf:**
Zu 1.: Das Betrachten des Motivs nimmt hier einen eigenen Platz im Arbeitsverlauf ein und ist die Voraussetzung für eine geglückte Darstellung.
Zu 2.: Das Umsetzen des Gesehenen in eine Skizze ist ein erster künstlerischer Schritt, der Konzentration erfordert. Ehe der Pädagoge zu diesem Thema „Flötenspieler" kommt, sollten die Schüler/innen etwas Erfahrung im Figurenzeichnen erworben haben. In der Altersgruppe der 12-jährigen entspricht Zeichnen von gegenständlichen Motiven dem Bedürfnis nach genauer Wiedergabe und Rationalität. Das Vereinfachen des Motivs im Hinblick auf die Drucktechnik ist ein weiterer kreativer Schritt.
Zu 3.: Das Übertragen des Entwurfs auf Polyblock ist eine Anforderung an das Geschick der Kinder, denn diesmal sind es größere Flächen, die nicht drucken und deshalb vertieft werden sollen. Es muß genau überlegt werden, welche Teile des Gesichtes oder der Hände mit dem Bleistift tief eingedrückt werden und welche positiv stehen bleiben sollen, damit das Motiv auch klar erkennbar wird. Zum Schluß entscheidet jedes Kind für sich, wie es die Druckform ausschneidet, damit der „Flötenspieler" frei steht.
Zu 4.: Ist die Druckform hergestellt, geht es in den farbigen Bereich. Auch hier ist Eigenständigkeit der Farbwahl geboten. Geht man einmal davon aus, daß ein Flötenspieler dominieren soll, so kann auch der farbige Untergrund dies unterstreichen durch kräftigere Farbgebung, während die zurückhaltendere Figur einen zarteren Farbhintergrund erhält.
Zu 5.: Zum Drucken sollte der Drucktisch mit schwarzer und weißer Japan-Aqua, mit Farbwalze und Abdruckwalze ausgestattet sein. Die Kinder drucken in Schwarz- und Grautönen, je nach ihrer Vorstellung.

■ **Bildbetrachtung:**
Es ist phantastisch, nach abgeschlossener Arbeit, die verschiedenen Ergebnisse gemeinsam zu betrachten. Jeder hat seine Lösung im doch relativ engen Rahmen der Thematik gefunden. Das Wirkenlassen der Bilder steht hier bei den älteren Kindern im Vordergrund. Vielleicht wäre die zentrale Frage, ob die Bilder das Wesentliche des Flötespielens zum Ausdruck bringen.

■ **Erfahrungen und Schwierigkeiten:**
Natürlich treten mit wachsendem Anspruch an die Schüler/innen auch vermehrt Schwierigkeiten auf. Doch auch zeichnerisch nicht so stark begabte Kinder können durch Beherrschen der Technik und durch Farbgefühl einen Ausgleich schaffen. Deshalb sollte aber auch bei diesen Kindern die Zeichen-Phase nicht vernachlässigt werden. Das Endergebnis wird sie wieder versöhnen. Die Flötenspieler-Thematik erfordert einige gestalterische Entscheidungen und stellt damit einen ziemlich hohen künstlerischen Anspruch an die Kinder.

■ Material:
Zeichenblock DIN A 3 oder 2, Pelikan-Wasserfarben, Japan-Aqua, Wachskreiden, Polyblock-Druckplatte, Farbwalze, Abdruckwalze/Nudelholz, Bleistift, Schere.

■ Vorbesprechung:
Die Kinder erzählen, was sie über Wasserschildkröten wissen, die Schwimmbewegungen werden beschrieben. Die Muster des Panzers spielen eine wichtige Rolle. Jede Schildkröte sollte ihre eigenen Farbigkeit bekommen. Auch ein Foto könnte die Vorstellungskraft der Kinder anregen. Die Schüler/innen überlegen, ob sie eine seitliche Ansicht der Schildkröte darstellen wollen oder eine Aufsicht. Davon hängt ab, wie sie die Muster des Panzers gestalten wollen.

■ Arbeitsplan:
1. Druckform herstellen, dann mehrfach mit dem Bleistift auf dem Papier umfahren.
Auf schöne Verteilung bzw. Anordnung achten!
2. Binnenformen mit Wachskreiden ausmalen, Wasserpflanzen dazumalen.
3. Hintergrund zart wäßrig gestalten.
4. Druckform Schildkröte über die Wachskreiden drucken.

■ Gestaltungsverlauf:
Zu 1.: Die Kinder entwerfen eine Skizze der Wasserschildkröte und übertragen sie mit Bleistift auf ein passendes Stück Polyblock. Die Gesamtform der Schildkröte wird rundherum ausgeschnitten und die Kinder können die Muster mit dem Bleistift hineindrücken. Die Druckform wird anschließend schön verteilt und lageverändert auf das Papier aufgelegt und mit dem Bleistift umfahren, so daß mehrere Umrißformen der Schildkröte auf dem Block zu sehen sind.
Zu 2.: Die Schüler malen nun die so entstandenen Binnenformen verschiedenfarbig mit Wachskreiden aus. Zu überlegen ist dabei, wie jede Schildkröte ihren eigenen Farbcharakter bekommt. Da das Malen mit Wachskreide ja nur den Farbgrund bildet für das nachträgliche Drucken, können die Farbflächen einfach gestaltet werden. Sie sind unabhängig vom später aufgedruckten Muster. Dazu gestalten die Kinder Wasserpflanzen mit unterschiedlichen Blattformen in verschiedenem Grün.
Zu 3.: Der Hintergrund kommt fließend wäßrig mit Wasserfarben dazu. Die Wasserpflanzen dürfen dabei sogar übermalt werden. Die Wachskreide stößt die Wasserfarbe perlend ab.
Zu 4.: Die Druckform wird mit einer Walze mit Japan-Aqua eingefärbt und die Schüler/innen drucken damit über die gemalte Schildkröten-Form. Bei den komplizierten Mustern empfiehlt sich Japan-Aqua und die Farbwalze, damit die Panzerstruktur der Schildkröte exakter wiedergegeben werden kann. Die Druckform muß vorsichtig mit der Hand oder der Abdruckwalze/Nudelholz aufgedruckt werden.

■ Bildbetrachtung:
Entsteht der Eindruck des Schwimmens bei den Wasserschildkröten? Haben sie einen schön gemusterten Panzer erhalten? Wie ergänzt sich die Farbigkeit des Malens mit der gedruckten Form? Gut gelungene Bilder verdienen Lob und Anerkennung. Sind schöne Wasserpflanzen zu sehen? Sieht man seitlich oder von oben auf das Bild?

■ Erfahrungen und Schwierigkeiten:
Die Kinder sollten das Motiv Wasserschildkröte nicht zu klein gestalten, so ist genügend Platz für eine schöne Musterung gegeben. Damit sich die Schildkröten gut voneinander unterscheiden, ist es sinnvoll, daß sich die Kinder bei der Farbwahl jeweils auf zwei Farben pro Schildkröte beschränken, vielleicht Ton in Ton.
Beim Drucken müssen die Schüler/innen die Druckform vorsichtig anfassen, um sie auch auf die richtige Stelle zu drucken und der Stempel nicht wegrutscht! Bei der Verteilung der Schildkröten darf auch mal über den Rand gedruckt werden, so daß nur ein Ausschnitt sichtbar ist.
Der wäßrige Hintergrund sollte zart aufgetragen werden, so daß die unruhigen Schildkröten ein relativ neutrales Umfeld haben.

■ **Material:**

Zeichenblock DIN A 3, Wachskreiden, Polyblock-Druckplatte, Schere, Japan-Aqua, Farbwalze, Abdruckwalze/Nudelholz, Bleistift.

■ **Vorbesprechung:**

Im Gegensatz zu allen anderen Druckmotiven ist dieses Motiv „Ähren" größer als in der Natur. Vergrößert und stilisiert hat es eine starke Abstraktion erfahren. Es ist fast ein Symbol oder Zeichen geworden. Eine solche Veränderung und Entwicklung eines Motivs setzt einen gestalterischen Prozeß im Vorfeld voraus. Hierfür muß eine gewisse Zeit eingeräumt werden, sollen die Schüler/innen sich nicht aufs Nachahmen beschränken.
Eine Ähre, – es könnte auch eine entsprechende andere Pflanze sein –, kann gut in den Unterricht mitgebracht werden. Ein einfaches Zeichen zu finden, steht bei dieser Arbeit zunächst im Vordergrund. Die Technik besteht wieder im Herstellen der Druckform, die mehrfach übers Blatt verteilt, mit dem Bleistift umfahren wird (s. „Chor" u. „Schildkröten"). Auch die rhythmische Anordnung bzw. Komposition des Motivs „Ähre" ist ein wesentlicher Gestaltungsvorgang. Die Binnenformen, die durch das Umfahren der Umrißform entstehen, werden dezent, der Hintergrund eher kräftig mit Wachskreiden ausgemalt (Alternativvorschlag: umgekehrt, die Binnenformen kräftig, die Umgebung dezent ausmalen!). Beim Malen des Hintergrundes können vereinfachende, abstrahierende Lösungen versucht werden.

■ **Arbeitsplan:**

1. Naturmotiv „Ähre" skizzieren und abstrahieren.
2. Druckform herstellen,
3. Druckform rhythmisch auf dem Papier verteilen (Komposition) und mit Bleistift umfahren.
4. Ausmalen der Binnenformen und des Hintergrundes mit Wachskreiden.
5. Drucken mit Japan-Aqua.

■ **Gestaltungsverlauf:**

Zu 1.: Die Schüler/innen versuchen zunächst ihr Bildmotiv so naturgetreu wie möglich zu zeichnen. Der weitere Schritt ist das vereinfachende Darstellen unter Berücksichtigung der Charakteristika. Erst wenn eine zufriedenstellende Form gefunden ist, die auch die Drucktechnik berücksichtigt, sollte das Motiv auf die passende Polyblock-Druckplatte übertragen werden.
Zu 2.: Das Motiv wird mit Bleistift auf Polyblock gezeichnet. Nichtdruckende Teile drücken die Schüler/innen mit dem Bleistift tiefer, druckende Teile bleiben unberührt. Die Umrißformen schneiden sie mit der Schere aus.
Zu 3.: Die relativ große Druckform soll in schöner Folge auf das noch leere Blatt verteilt und mit dem Bleistift umfahren werden. Dazu ist ein spielerisches Ausprobieren notwendig. Auch Überschneidungen sehen reizvoll aus.
Zu 4.: Das Malen mit Wachskreiden kann diesmal sehr frei erfolgen. Die noch leere Binnenform der Ähre als auch die umgebende Hintergrundfläche erlauben ganz subjektive Farbgebung. Jeder Schüler/in kann nach seinem Geschmack und Farbempfinden entscheiden. Natürlich sind ungewöhnliche Farbmischungen besonders interessant.
Zu 5.: Zum Drucken ist hier Japan-Aqua geeignet. An einem Drucktisch können die Kinder die Farbwalzen und die Druckform einfärben und an ihrem Platz drucken, entweder mit der Hand oder der Abdruckwalze. Die vorgesehenen Farbfelder für die Ähren sollten sorgfältig und gezielt überdruckt werden.

■ **Bildbetrachtung:**

Sind großzügige Formen gefunden worden? Gibt es eine gut gelungene Flächenaufteilung? Könnte man sich dieses Bild als Plakat vorstellen?

■ **Erfahrungen und Schwierigkeiten:**

Diese Art der Bildsprache ist für die älteren Kinder eher geeignet, auch wenn sie schon über 12 Jahre alt sind. Für manche ist der Abstraktionsprozeß neu und befremdlich. Oft ergeben sich Anregungen und auch Verständnis durch das Besprechen von guten Plakaten. Aber auch in der modernen Kunst finden sich viele anregende Beispiele, in denen die Ausdruckskraft der Fläche auf die Schüler/innen wirkt.

■ **Material:**
Zeichenblock DIN A 3, Wasserfarben, Acrylfarbe, dickes Styropor, Bleistift, Haarpinsel, Borstenpinsel, Messerchen.

■ **Vorbesprechung:**
Den Kindern ist das Pfauenauge als Muster auf einer Pfauenfeder bekannt, einige konnten eine Feder mitbringen. Davon ausgehend rufen wir uns einen Pfau ins Gedächtnis. Die Kinder haben bestimmt schon einmal diesen wunderschönen Vogel gesehen, der bei vielen einen tiefen Eindruck hinterläßt, sei es in einem Märchenpark, einem Vogelgehege oder im Zoo. Wir vergegenwärtigen uns den Moment, in dem der Pfau das „Rad“ schlägt und majestätisch hin und her geht.

■ **Arbeitsplan:**
1. Vogelkörper mit Wasserfarben malen. Drei Halbkreisbögen oberhalb des Vogels mit Bleistift zeichnen.
2. „Pfauenauge“ aus Styropor als Kartoffelstempel ausschneiden und mit Acrylfarbe auf die Bögen drucken.
3. Mit Wasserfarben Verbindungslinien vom Auge zum Vogelkörper malen und Zwischenräume ausmalen.
4. Hintergrund gestalten und mit Pinsel oder Fingerkuppe in das „Pfauenauge“ einen dunklen Punkt setzen.

■ **Gestaltungsverlauf:**
Zu 1.: Der Vögelkörper sollte mit Wasserfarben auf den unteren Rand in die Mitte gemalt werden, damit genügend Platz für das „Pfauenrad“ bleibt. Über den Körper zeichnen sich die Kinder drei Hilfslinien, um darauf die Pfauenaugen gleichmäßig verteilt zu drucken.
Zu 2.: Der Stempel für das Pfauenauge kann mit einem Messerchen aus Styropor bzw. einer Kartoffel geschnitzt werden. Der Lehrer wird entscheiden, ob er den Stempel selbst vorbereiten muß. Zum Stempeln benutzen die Schüler/innen am besten Acryl- oder Fingerfarben, die schnell trocknen und eine kräftige Färbung hinterlassen. Eine Farbe genügt, egal, ob man einen Grün- oder Blauton wählt. Mit einem dicken Borstenpinsel färben die Kinder den Stempel ein und drucken in regelmäßigen Abständen auf die vorgezeichneten Halbkreise.
Zu 3.: Nach kurzem Antrocknen kommen die Wasserfarben zum Einsatz. Mit einem Haarpinsel oder einem dünnen Borstenpinsel malen die Kinder dünne Verbindungslinien vom „Auge“ zum Körper des Vogels. Nun gilt es, die entstandenen Zwischenräume mit Farbgefühl und Geschick aquarellhaft auszufüllen. Dem Mischen der Wasserfarben sollte hier viel Aufmerksamkeit gewidmet werden.
Zu 4.: Ein zartfarbiger Hintergrund ergänzt die schöne Vogelgestalt. Als charakteristischen Akzent sollten die Kinder zum Schluß mit dem Pinsel oder der Fingerkuppe einen passenden, dunklen Punkt in das Pfauenauge tüpfeln.

■ **Bildbetrachtung:**
Während die Kinder ihre Bilder gegenseitig bestaunen und sich frei darüber äußern, sollte der Pädagoge sich eine Weile zurückhalten. Er wird dabei manches erfahren!
Ist der Pfau als Ganzes zu erkennen? Hat er eine ansprechende Farbigkeit erhalten? Ist das „Pfauenauge“ als besonderes Gestaltungselement auffallend?

■ **Erfahrungen und Schwierigkeiten:**
Das Malen des Pfaus in diesen verschiedenen Phasen überfordert die Kinder nicht. Sie bauen ihr Motiv schrittweise auf und geraten nicht ins Schwimmen. Allerdings beim Schnitzen des Stempels als auch beim Einzeichnen der Halbkreise wird der Kunstpädagoge hier und da helfen müssen. Trotzdem wird für jedes Kind eine individuelle Bildlösung am Schluß entstehen.

■ **Ergänzungsthema:**
Ein ergänzendes Thema könnte man „Blumenwiese“ nennen. Die Stempelform ist dem Pfauenauge ähnlich und wird diesmal mit Wasserfarben gedruckt. Gemäß ihren Beobachtungen, daß in der Ferne alles kleiner erscheint, schneiden die Kinder, nachdem sie die Hälfte des Blattes gestempelt haben, den Stempel kleiner und vervollständigen damit ihr Bild. Die letzte Reihe wird nur noch mit duftigen, aquarellartigen Tupfern versehen und die Zwischenräume dekkend mit Wasser- oder Acrylfarben bemalt. Schöne passende Farbmischungen geben diesem Bild seinen Reiz ebenso, wie der Wechsel von wäßrigem zu deckendem Farbauftrag.

■ Material:

Zeichenblock DIN A 3 oder 2, Pelikan-Wasserfarben, Acrylfarben, Polyblock-Abfälle, Schere, Pappe, Pritt Bastelkleber, Bleistift, Borstenpinsel, Abdruckwalze/Nudelholz.

■ Vorbesprechung:

Diesmal sind unsere Motive komplizierter und es bietet sich eine abgewandelte Drucktechnik an. Zu den Themen „Segelschiffe" als auch „Krebse", die jeweils einzeln als Unterrichtsthemen behandelt werden sollten, werden Geschichten erzählt und Beobachtungen ausgetauscht, vielleicht auch Bilder gezeigt. Beide Motive zeichnen sich durch komplexe Formen aus. Sie lassen sich sehr gut realisieren durch eine besondere Technik, nämlich das Montieren der Druckform, das bedeutet, diesmal werden die einzelnen Elemente der Gesamtform „Segelschiff" bzw. „Krebse" auf eine Trägerpappe aufgeklebt. Die Kinder nehmen dazu Polyblock-Reste. Zwischen den aufgeklebten Elementen entstehen schmale Zwischenräume, die grafisch sehr reizvoll wirken. Die fertige Trägerpappe mit den aufmontierten Teilen, die sich wie ein Puzzle zu einem Motiv ergänzen, wird knapp am Motiv vorbei abgeschnitten.

■ Arbeitsplan:

1. Hintergrund „Wasser" wäßrig mit dickem Borstenpinsel malen.
2. Druckplatte „Segelschiff" bzw. „Krebs" aus montierten Einzelteilen von Polyblock-Abfällen auf Pappe herstellen.
3. Druckform mit verschiedenen Farben mit dem Borstenpinsel einfärben und drucken.

■ Gestaltungsverlauf:

Zu 1.: Den Hintergrund „Wasser" malen die Kinder mit dem dicken Borstenpinsel und mit Wasserfarben. Mit gleichmäßigen waagerechten Bewegungen wird die Wasserfarbe fließend aufgetragen. Die dadurch entstehenden Streifen blau in blau vermitteln den Eindruck von Meer. Der blau bemalte Block sollte dann zum Trocknen weggelegt werden.

Zu 2.: Bevor die Motive „Segelschiff" oder „Krebs" montiert werden, sollten die Kinder Entwürfe anfertigen. Diesmal sind charakteristische Einzelheiten bei beiden Gegenständen geradezu erwünscht, da die Technik dies in besonderer Weise erlaubt. Die Kinder setzen aus den einzelnen Elementen, z. B. den Segeln, das Schiff zusammen. Die Polyblock-Stücke werden als Segel ausgeschnitten und Stück für Stück auf eine passende Träger-Pappe aufmontiert (Pritt Bastelkleber). Die Druckstöcke sollen gut trocknen und die Pappe sollte nicht zu weit überstehen.

Zu 3.: Beim Drucken ist eine gefällige Anordnung wichtig. Diesmal kann die Druckform auch in unterschiedlichen Farbtönen (Acryl- oder Fingerfarben) mit dem Pinsel eingefärbt werden. Die Kinder sollten versuchen, schnell einzufärben, damit die Farben nicht trocknen. Die Druckformen werden mit der Hand aufgedruckt. Auch Überschneidungen und Motivausschnitte dürfen vorkommen. Bei den Segelschiffen sieht es schön aus, wenn die Kinder zum Schluß noch die Seile zu den Segeln ergänzen oder Fähnchen obendrauf malen.

■ Bildbetrachtung:

Ist die Technik beherrscht worden? Wie ist die Komposition im Bild gelungen? Sind die Motive klar erkennbar? Welchen farblichen Eindruck macht das Bild?

■ Erfahrungen und Schwierigkeiten:

Die Kinder können ja nach ihren Fähigkeiten die Motive einfacher oder komplexer gestalten. Auch ein einfaches Segelschiff kann, in dieser Technik gestaltet, sehr reizvoll aussehen. Die Wirkung liegt ja u. a. in der Wiederholung der Form.

Beim Einrichten der Montage-Arbeit ist die Phantasie der Kinder das Wichtigste, wenn es darum geht, wie beim Puzzle den Gegenstand aus seinen Elementen zusammenzusetzen. Wichtig ist, daß die Druckplatte gut getrocknet ist und alle Teile halten. Beim Einfärben sollten die Kinder für jede Farbe einen extra Borstenpinsel nehmen und nicht zu dick auftragen, sonst verrutscht der Druckstock leicht.

■ Material:
Zeichenblock DIN A 3, Pelikan-Wasserfarben, Polyblock-Druckplatte, Pappe (für 2. Bild), Bleistift, Japan-Aqua, Schere, Pritt Bastelkleber (für 2. Bild), Farbwalze, Abdruckwalze.

■ Vorbesprechung:
Wenn die Schüler/innen schon Erfahrungen im Drucken gesammelt haben, ist der Vorschlag, einen besonders schönen großen Vogel zu gestalten, ein interessantes Thema. Jeder Schüler/in kann sich einen Vogeltypus aussuchen. Bei den Bildbeispielen war es einmal ein farbenfroher, leicht exotischer Vogel, der in die Polyblock-Druckplatte hineingearbeitet wurde, zum anderen ein Raubvogel, der in Montage-Technik entstanden ist, zusätzlich noch mit eingeritzten Mustern.
Auch die Hintergründe konnten selbständig und zum Vogeltypus passend gewählt werden. Es wurden hierbei Wasserfarben verwendet, da genügend Zeit zum Trocknen während des Herstellens der Druckform blieb. Auch diesmal haben die Schüler/innen eine Skizze angefertigt, um auszuprobieren, für welche Vogelart sie sich entscheiden wollten. Die mit Mühe hergestellte Druckform „Vogel" konnte später auf verschieden gestaltete Hintergründe gedruckt werden und hat jedesmal ein anderes Bild ergeben.

■ Arbeitsplan:
1. Vogeltypus ausdenken und skizzieren.
2. Passende Landschaft als Hintergrund malen.
3. Druckform „Vogel" gestalten.
4. Drucken.

■ Gestaltungsverlauf:
Zu 1.: Durch eine gezielte Vorbesprechung angeregt, hat sich jeder Schüler/in einen besonders interessanten Vogel ausgedacht, den er/sie mit charakteristischen Merkmalen versieht. Die ausgebreiteten Schwingen bieten besonders gute Gestaltungsflächen.
Ist diese Vorarbeit geleistet, so muß die Entscheidung getroffen werden, ob der Druck von einer einfachen Polyblock-Form oder von einem montierten Druckstock, der aus einzelnen Elementen zusammengesetzt wird, erfolgen soll.
Zu 2.: Sind diese Entscheidungen gefallen, überlegt sich der Schüler/in, wie er/sie am schönsten eine zum Vogel passende Landschaft mit Wasserfarben gestaltet. Auch hierbei kann jeder seiner individuellen Vorstellung Ausdruck verleihen. Wenn der Druck mit Japan-Aqua erfolgt, deckt er auch bei intensiv aufgetragenen Wasserfarben.
Zu 3.: Diejenigen Schüler/innen, die den Vogel in die Polyblock-Druckplatte mit Bleistift hineinarbeiten, übertragen ihren Entwurf, drücken Muster der Federn und auch das Auge in die Oberfläche tief hinein und schneiden die Umrißform ringsherum aus. Diejenigen, die sich für eine Montage entschieden haben, benötigen eine passende Trägerpappe und können Polyblock-Reste zu einer Vogelfigur wie ein Puzzle zusammensetzen und mit Pritt Bastelkleber aufkleben. Die gut angeklebten Teile können noch zusätzlich mit tiefgedrückten Mustern versehen werden, wenn es dazu paßt. Beide Techniken wirken gut. Bei der ersten Lösung wirkt die Form kompakter, bei der Montage-Druckplatte mosaikartiger. Beide Druckstöcke sollen recht groß sein, damit sie ausdrucksstark durchgestaltet werden können.
Zu 4.: Bei beiden Varianten können die Schüler/innen auch entscheiden, ob sie die Druckfläche vielleicht noch mit Wachskreide untermalen wollen, wie beim oberen Bild. Dieser relativ große Druckstock wird am besten mit der Farbwalze eingefärbt und mit der Abdruckwalze gedruckt.

■ Bildbetrachtung:
Der Anblick der verschiedenen Bilder mit den großen, prägnanten Vögeln ist wunderbar und sollte von den Kindern genossen werden. Wodurch unterscheiden sich die verschiedenen Lösungen? Welche Rolle spielen die Farben für die Eigenart der Bilder?

■ Erfahrungen und Schwierigkeiten:
Ähnlich wie bei dem Thema „Flötenspieler" gibt es einiges im Vorfeld der Bildgestaltung zu entscheiden. Dabei sollte der Pädagoge nur zurückhaltend beraten, denn die Entscheidungsprozesse führen jeden einzelnen Schüler/in zu seinem persönlichen Bild, mit dem er sich ja identifizieren möchte.
Als ergänzende Übung bietet sich eine Gemeinschaftsarbeit an, bei der jeweils mehrere Kinder ihre Vogeldrucke zu einem gemeinsamen Bild zusammenfügen.

■ Material:

Fotokarton, Wachskreiden, Japan-Aqua weiß, Polyblock-Druckplatte, Schere, (evtl. Pappe, Pritt Bastelkleber), Bleistift.

■ Vorbesprechung:

Bei diesem etwas poetischen Titel ist Phantasie und Erfindungsgabe angesprochen. Ich habe mit den Kindern zuvor einige Abbildungen von Paul Klee betrachtet, die an Phantasiegärten erinnern, z. B. „Landschaft mit gelben Vögeln." Der Malgrund ist diesmal schwarz, d. h. es entstehen ganz neue und reizvolle Kontraste zu den deckenden Wachsmalkreiden. Wichtig ist, den Kindern die Möglichkeit zu eröffnen, daß sich auch Wachsmalkreiden mischen lassen. Es sollten zunächst schön komponierte Farbflächen entstehen, die Blumenbeete, Flüßchen oder Teiche bedeuten können. Phantasievögel oder -tiere werden nachträglich diese dunkelgrundige Landschaft bevölkern, die vielleicht eine nächtliche Stimmung hervorruft.

■ Arbeitsplan:

1. Paradiesgärtchen mit Wachskreiden malen, d. h. flächig anlegen.
2. Druckform für Vögel oder Tiere herstellen bzw. montieren.
3. Mit weißer Japan-Aqua in die Landschaft hineindrucken.

■ Gestaltungsverlauf:

Zu 1.: Die Vorstellung eines Gärtchens mit Wegen, Beeten, Teichen, Flüßchen usw. greifen die Kinder gern auf. Daß es sich dabei nicht um die Darstellung von konkreten Blumen handeln soll, sondern um farbige Flächen, die ein Ganzes ergeben, regt die Kinder zu besonders ausdrucksvoller Farbigkeit an. Zwischen den reizvollen Farbflächen lassen die Schüler/innen kleine schwarze Ränder stehen, die wie Begrenzungen die Flächen voneinander trennen. Das Schwarz des Papiers als Gestaltungsmittel wird in das Bild ganz stark einbezogen. Einige Felder bleiben von Farbe unberührt schwarz.

Zu 2.: Passende Stücke Polyblock verarbeiten die Kinder zum Druckstock für einen Vogel oder ein Phantasietier. Der Vogel wird auf Polyblock mit Bleistift aufgezeichnet. Die druckenden Teile bleiben erhaben stehen, die nichtdruckenden Teile werden mit dem Bleistift tief eingedrückt. Hierbei spielen Muster auf Flügelchen oder Federn eine Rolle. Wenn man Polyblock-Abfälle verwenden möchte, können Vogel oder Tier auch montiert werden auf die Trägerpappe, wie es bei „Krebse" und „Segelschiffe" schon beschrieben wurde. Bei der Montage werden die Einzelteile ausgeschnitten und auf eine passend geschnittene Trägerpappe aufgeklebt. Zum Kleben verwendet man Pritt Bastelkleber, der gut antrocknen muß, ehe die Kinder drucken. Sehr dünne Beine z. B. beim Vogelmotiv läßt man die Kinder am besten nachträglich mit Wachskreide ergänzen.

Zu 3.: Diesmal empiehlt sich zum Drucken weiße Japan-Aqua als Kontrast. Es erhöht außerdem die Spannung beim Drucken. Eine ganz neue Stimmung entsteht: weiße Tiere bevölkern eine paradiesische Phantasielandschaft, noch dazu bei Dunkelheit. Die Kinder sollten zum Einfärben der Druckformen die Farbwalze benutzen (bei Japan-Aqua immer!). Es kann mit der Hand oder der Abdruckwalze/Nudelholz gedruckt werden.

■ Bildbetrachtung:

Welche Stimmung strahlen die Bilder aus? Wer hat besonders schöne Farben mit Wachskreide gemischt? Was macht das Bild so faszinierend und unwirklich? Die fremden Tiere?

■ Erfahrungen und Schwierigkeiten:

Durch die Abbildungen von Paul Klee sind die Kinder schon eingestimmt auf etwas Ungewöhnliches.
Schwierigkeiten bereitet manchmal das abstrahierende Gestalten von Farbflächen, das auf detailliertes Darstellen von Pflanzen weitgehend verzichtet. Aber auch hier kann man Zugeständnisse machen.
Das Erfinden der lustigen Schnabeltiere, die auch erst skizziert werden sollten, macht den Kindern meistens viel Freude. An die fertigen Bilder hingegen müssen sie sich oft erst gewöhnen und äußern nicht selten auch ihr Erstaunen über die ungewöhnliche Wirkung.

Material:
Zeichenblock DIN A 3 oder 2, Acryl- oder Fingerfarben, Polyblock-Druckplatte, Bleistift, Schere, Borstenpinsel.

Vorbesprechung:
Der Blick in eine winterliche Landschaft im Früh- oder Spätjahr kann zu einem solchen Thema motivieren. Die unterschiedlichen Farbfelder von teils aufgeworfener, teils mit Gras bewachsener Erde können zu einer reizvoll flächigen Farbkomposition führen, die durch eine kahle Baumreihe einen wirkungsvollen Akzent erhält. Man denke an Spaziergänge im Spätherbst oder Winter und an die Farben, die man auch im Garten sieht, wenn noch nichts blüht. Eine kleine Häuseransammlung, zu der zwischen den Feldern Wege führen, ist außerdem ein geeignetes Motiv, einmal die Räumlichkeit am Objekt Haus zu besprechen. Dazu zeigt man am besten einen rechteckigen Körper, etwa einen Schuhkarton. Die Beobachtung der unterschiedlichen Helligkeiten auf den verschiedenen Flächen läßt sich leicht auf die Hausform übertragen, indem die verschiedenen Seiten des Hauses unterschiedliche Farbtöne bekommen. Manche Kinder in diesem Alter haben schon von sich aus das Bedürfnis, ein Haus räumlich darzustellen. Die sogenannte Farbperspektive vermittelt oftmals ein „Aha-Erlebnis", auch wenn die Fluchtpunkt-Perspektive noch nicht beherrscht wird. Zur Unterstreichung des Winterlichen sollten sich die Bäume im Winde biegen.

Arbeitsplan:
1. Landschaft mit Häusern malen.
2. Druckform Baum herstellen.
3. Drucken.

Gestaltungsverlauf:
Zu 1.: Mit einer Palette von erdfarbenen Farbtönen bis hin zu Ziegelrot ergibt sich für die Schüler/innen ein ergiebiges Mischen von warmen Farben. Dazu bildet ein bewölkter grauer Himmel einen interessanten Kontrast.
Bei diesem Thema „Winterliche Landschaft" ist es angebracht, eine Bleistiftzeichnung zugrunde zu legen, denn das Anordnen und Gliedern der Landschaft will zuvor überlegt sein, ebenso die flächige Darstellung der Häuser, deren Dreidimensionalität durch „Farbperspektive", d. h. Verschiedenfarbigkeit der vier Hausflächen anschaulich gemacht werden soll, z. B.: Sind an einem Haus vier Flächen sichtbar (Dreieck, Rombus = Dach; Quadrat, Rechteck = Wände), sollte jede Fläche einen anderen Farbton erhalten. Der Borstenpinsel ist dafür das geeignete Mittel.
Zu 2.: Die Vorstellung von stürmischem oder windigem Wetter können die Kinder durch das Biegen der Bäume zum Ausdruck bringen, d. h. die Druckform wird so gestaltet, daß die Zweige der Bäume eine deutliche Neigung bekommen.
Während das Bild trocknet, stellen die Kinder die Druckform aus Polyblock her. Die Zwischenräume der Äste werden mit dem Bleistift eingedrückt und die Umrißform ausgeschnitten.
Zu 3.: Das Verteilen der Baumreihe bedeutet für die Schüler/innen ein bewußtes Überlegen, wie die Bäume plaziert werden sollen, damit sie in die Gliederung der Landschaft passen. Zum Drucken ist jede deckende schwarze Farbe möglich.

Bildbetrachtung:
Einen Moment lang lassen die Kinder die Bilder ruhig auf sich einwirken.
Was sagen uns die kahlen Bäume? Kommt der Eindruck von Wind und Wetter auf? Wie wirken die Farben? Ist doch irgendwo die Sonne zu ahnen?

Erfahrungen und Schwierigkeiten:
Die Thematik ist leicht zu veranschaulichen und auch die Technik ergibt keine nennenswerten Schwierigkeiten. Farbgefühl und Phantasie jedoch sind erforderlich für die unterschiedlichen Farbfelder. Das Komponieren des gesamten Bildaufbaus erfordert Konzentration und Vorstellungsvermögen, ebenso die plastische Darstellung der Hausformen.
Beim Besprechen der Farbstimmung kommen die Schüler/innen schnell auf die Idee, das Thema einmal mit kalten Farbtönen auszuprobieren.